AF509652

Étude d'Histoire Locale

LA FORTERESSE DU CATELET

ÉTUDE D'HISTOIRE LOCALE

LA
FORTERESSE DU CATELET

PAR

Maurice THIÉRY

Prix : 50 centimes

SAINT-QUENTIN

IMP. DU GUETTEUR, RUE CROIX-BELLE-PORTE, 21

—

1907

LA
FORTERESSE DU CATELET

Par Maurice THIÉRY

~~~~~~~~~~~~~~~~

Les lignes qui suivent ne sont que de simples notes d'histoire locale, courts épisodes de guerre, menus récits de sièges relatifs à une citadelle secondaire. Mais ce sont ces miettes historiques qui pourraient servir à écrire nos véritables annales nationales, et s'il était possible de recueillir et de coordonner pour l'ensemble de la France, en un recueil général, tout ce qui concerne le passé des plus humbles villages, des moindres forteresses, on obtiendrait la plus incomparable, la plus sincère, la plus complète histoire de notre pays qui se puisse composer, parce qu'elle serait constituée par des documents sûrs et précis, puisés aux sources mêmes.
~~~~~~~~~~~~~~~~

Il faut croire qu'il existait déjà dès le XIIe siècle une forteresse près de l'Escaut, car dès l'an 1133 il est question dans l'histoire des seigneurs du Castelet, de Raoul du Castelet.

Mais ce n'est point de cet antique château-fort dont nous voulons nous occuper : les documents font d'ailleurs défaut à son égard.

Nous nous proposons simplement de rappeler les événements militaires dont fut le théâtre la forteresse du Câtelet qui subsista de 1520, époque de sa fondation, à 1674, année de sa destruction.

Antérieurement à celui du Câtelet, existait un fort à Gouy, près de l'Escaut ; il disparut au XVIe siècle et l'on n'en connaît même plus aujourd'hui l'emplacement.

Néanmoins, comme il y avait intérêt à ce qu'un ouvrage défensif existât en cet endroit, sur la route des Flandres, entre Saint-Quentin et Cambrai, point vulnérable que la rivalité de François Ier et de Charles-Quint exigeait qu'il fut promptement mis à même d'arrêter l'ennemi, commença-t-on, dès 1520, les fondements du fort du Câtelet, qui ne fut achevé que plus tard sous la direction des ingénieurs de Pagan et Deville ; ce dernier même l'acheva seul. On désigna cette forteresse sous le nom de Câtelet-lès-Gouy, pour le distinguer du Câtelet, près Péronne.

Le seigneur qui fut chargé de surveiller la construction de ce fort en devint le premier gouverneur. C'était Jean d'Estrées, à qui les titres ne manquaient point puisqu'il était chevalier de l'Ordre du Roi, conseiller en son Conseil privé, capitaine et grand'maître de l'artillerie de France, vicomte de Soissons, châtelain d'Avesnes, premier baron et sénéchal du Boulonnais, etc.

Lorsqu'il eut achevé son ouvrage de défense, raconte Colliette dans son histoire du Vermandois, Jean d'Estrées s'empara de tout le territoire voisin du fort où avaient été déposés et taillés les matériaux ayant servi à sa construction ; il s'en créa un patrimoine que ne réclama point l'abbaye du Mont-Saint-Martin, pour la raison qu'à cette époque les religieux qui l'habitaient étaient dispersés ; la guerre les avait chassés de leur monastère.

Le même Colliette ajoute que « ce seigneur obtint peu après du roi la transformation de son gouvernement en fief. Pour mieux s'en assurer la possession, *il droitura sa mouvance en 1524* et présenta son dénombrement dans lequel il avoit enfermé un petit territoire qu'il appeloit *le Câtelet*.

» Il ne fut point contredit ; il n'avoit pas moins tort. Le fief de son Câtelet devoit être borné à l'enceinte de son fort ; il n'y avoit encore ajouté que 34 verges de face sur un rang d'héritages et 58 verges sur l'autre face. Il avoit *arrenté* ces héritages, restes épars du placement des atteliers et des matériaux. Il y prit la même autorité de justice qu'il avoit dans son fort et voilà le Câtelet devenu nouveau terroir avec un manoir, des héritages, des resséans, des censives et une juridiction seigneuriale. Voilà un bourg aussi tout neuf, car il se plaça assez promptement d'autres habitations à côté des premières. »

Le P. Devillers, de son côté, écrit :

« Ce fut sous François Ier, en 1520, que le fort du Câtelet fut élevé et construit par Jean d'Estrées, le premier gentilhomme picard qui embrassa le calvinisme et qui en fit profession publique. Ce Jean d'Estrées en usurpa ensuite le domaine et la seigneurie, comme il conste par le dénombrement de cette terre qu'il fournit au roi en

1574, déclarant l'avoir acquise des religieux Guillemain-lès-Wallincourt pour colorer son usurpation. Cetle seigneurie ne contenoit alors en tout et pour tout qu'environ 93 verges de terre sur deux rangées d'héritages. Ce seigneur n'avoit-il pas beau jeu pour s'emparer de cette seigneurie qui, selon toutes les apparences, appartenoit au Mont-Saint-Martin dont le domaine l'entoure de tous côtés, tandis qu'il avoit son fils qu'il en avoit fait abbé, et l'abbaye ayant été ruinée et brûlée par les Espagnols en 1557, ses religieux étoient dispersés et ses titres ayant été perdus et égarés dans le sac et l'incendie de cette célèbre maison. »

Il y a désaccord entre les deux historiens sur la date du dénombrement du Câtelet et leur présentation au roi. Cependant, ces différences peuvent s'expliquer par ce fait que plusieurs dénombrements eurent lieu vers cette époque. Ce qu'il y a de certain, c'est que le Câtelet existait en 1557, comme seigneurie.

D'après le dénombrement ordonné par Jean d'Estrées, le 24 mai 1574, la population du Câtelet n'était que de deux cents et quelques habitants.

PREMIER SIÈGE DU CATELET (1557).

Philippe II, étant monté sur le trône d'Espagne après l'abdication de son père Charles - Quint, conclut avec Henri II, roi de France, par le traité de Vaucelles, une trêve de cinq années. Le peuple accueillit cette nouvelle avec joie, mais elle fut, hélas! de courte durée.

Des dissentiments étant survenus entre le pape Paul IV et les Espagnols, la guerre recommença.

Une armée française, sous les ordres du connétable de Montmorency, marcha contre Philibert, duc de Savoie, commandant en chef des forces espagnoles et anglaises, et lui livra bataille près de Saint-Quentin. Par la faute du connétable, les Français furent complètement battus.

A la suite de ce succès, qu'on appela la journée de Saint-Laurent, les Espagnols, s'étant emparés de Saint Quentin, auraient pu s'avancer sur Paris, mais ils ne voulurent point laisser derrière eux une forteresse occupée par les Français (1).

---

(1) *Commentaires* de François de Rabutin.

A cet effet, sous les ordres du comte d'Aremberg, quelques troupes furent détachées et envoyées pour s'emparer du Câtelet que défendait le baron de Solignac.

Arrivé sous les murs de cette forteresse, le comte d'Aremberg établit son quartier général dans l'abbaye du Mont-Saint Martin et échelonna de mille à douze cents cavaliers de long des marais de l'Escaut. Il disposa ensuite autour du fort, dans les positions suivantes, trois régiments allemands : le régiment de *Monichuissen*, composé de dix enseignes, fut placé en avant de l'abbaye ; le régiment de *Forisvanholf*, comprenant sept enseignes et une batterie de quatre pièces de canon, occupa les hauteurs de Gouy ; enfin le régiment de *Tlæsholstat*, de sept enseignes, prit position à l'ouest, vers Vendhuille ; de plus, de ce même côté, fut également ment disposée une redoutable batterie de vingt et une pièces *qui tiroient aux deux bouleverts et à la courtine avec une furieuse et admirable tempête.* Le baron de Soulignac, d'une bravoure éprouvée, avait promis de défendre la place jusqu'à son dernier soupir.

Sur la foi de cette promesse on supposait que le Câtelet pouvait résister de

quinze à vingt jours et que le commandant de la place aurait ainsi le temps
nécessaire pour réunir des troupes suffisantes capables d'arrêter les Espagnols.

Mais Solignac, en s'engageant à défendre jusqu'à la mort la place du Câtelet, n'avait compté que sur son courage. Il n'avait pas réfléchi que ses
soldats, alors en petit nombre, étaient
affaiblis par les fatigues et la maladie,
découragés d'avance par les succès
d'un ennemi victorieux ; de plus, il
n'avait pas assez tenu compte du mauvais état de la place, dont les travaux
de défense n'étaient même pas entière-
ment terminés. En effet, du côté où
l'ennemi avait établi sa principale batterie, le fort était dépourvu de fossés ;
l'un des bastions n'était pas même
garni de son revêtement de murailles,
et la demi-lune, qui devait protéger la
courtine n'ayant point encore été ache-
vée, n'offrait aucun abri aux soldats
chargés de la défendre. Le feu de l'ennemi était si violent qu'à chaque *volée*
de canon la muraille s'ébranlait, et
qu'en peu d'heures *il fut fait voie et
chemin pour monter à cheval sur ledit
rempart.*

En voyant que la brèche s'élargissait

d'instant en instant *et s'étendoit déjà de six vingt pas* au plus, les hommes de la garnison, dont le nombre ne dépassait pas trois cents, désespérant de pouvoir prolonger la défense, refusèrent tout service en dépit des pressantes exhortations de leurs officiers qui proposaient de mourir les premiers. Bien plus, les habitants du Câtelet, réfugiés dans la forteresse, redoutant les horreurs d'une prise d'assaut, se joignirent aux hommes d'armes pour contraindre le gouverneur, *à son grand déplaisir et crève cœur,* à se rendre. Devant la mauvaise volonté de ses troupes le baron de Solignac, le 7 septembre, remit le fort aux Espagnols.

Dans son *Histoire de mon Temps,* (t. II, p. 523) l'historien de Thou, au sujet de ce siège du Câtelet, s'exprime ainsi :

« Sur ces entrefaites, Philippe fortifia Saint-Quentin autant qu'il lui fut possible et donna ordre à ses troupes d'aller camper devant le Câtelet. On y conduisit du canon et Barbançon, comte d'Aremberg, fut commandé, avec 1.200 chevaux et trois régiments d'allemands, composés de vingt-quatre enseignes, pour s'emparer d'un marais qui s'étendoit jusqu'à l'abbaye du

Mont-Saint-Martin. Les ennemis dressèrent ensuite une batterie de vingt et une pièces de canon du côté qui regarde Saint-Quentin et Cambrai. Ils renversèrent, par ce moyen, les deux bastions qui leur étoient opposés et firent une grande brèche à la muraille. Le baron de Solignac commandoit dans la place. C'étoit un capitaine fort renommé et qui sembloit promettre au-delà de ce qu'il fît paroître. Le duc de Nevers avoit mandé plusieurs fois au roi qu'il n'eût aucune inquiétude touchant le Câtelet ; que Solignac en viendroit aux dernières extrémités avant de rendre la place ; il osa même assurer que ce siège arrêterait les ennemis au moins pendant vingt jours. Tout le monde en étoit si persuadé qu'on eut peine à croire que cette place se fût rendue à Barbançon, comme il arriva le 7 de septembre.

« Solignac fut arrêté et conduit dans les prisons de Paris ; il s'excusa en remontrant que la place étoit foible et que les fortifications qu'on y avoit commencées n'étoient pas encore à leur juste élévation ; qu'enfin il auroit fallu deux mille hommes de garnison pour défendre cette place et qu'il en avoit eu un pareil nombre pour la défense d'Estrées, en Artois; il ajouta que le courage du peu de troupes qu'il avoit avec lui s'étoit d'abord ralenti et qu'elles l'avoient même forcé à capituler malgré lui.

« Pendant le siège du Câtelet, les nôtres remportèrent quelques avantages dans les escarmouches. La cornette de Villars tailla en pièces quarante fourrageurs et prit quantité de chevaux de grand prix. La cornette du prince de Condé et celle d'Archison, écossais, tuèrent, dans une rencontre, vingt fantassins et l'avantage eût été plus grand si la cavalerie ne fut venue à leur secours. Barbançon, après la prise du Câtelet, alla à Fonsomme, où s'étoit déjà rendu le reste de l'armée. »

Après la prise de Saint-Quentin, puis celle du Câtelet, l'inquiétude grandit en France. On s'attendait, d'un moment à l'autre, à voir apparaître l'armée espagnole sous les murs de Paris qu'aucun obstacle n'arrêtait plus. Mais, contre toute attente, elle demeura en Picardie, donnant ainsi au duc de Guise, revenu d'Italie, le temps de lever les troupes suffisantes pour délivrer le pays des Impériaux.

Philippe II fortifia Saint-Quentin, ainsi que le Câtelet et Ham, puis, quittant Cambrai, il se rendit à Bruxelles avec son armée.

Le 3 avril 1559, la paix fut signée au Câteau-Cambrésis entre Henri II et Philippe II. Par ce traité, ils se rendirent réciproquement les places qu'ils avaient conquises.

Grâce à cette condition, le Câtelet fit retour à la France et le sieur Guillaume de la Fontaine en fut nommé gouverneur.

LES ÉVÉNEMENTS DE 1581 AUX ENVIRONS DU CATELET

Après s'être emparé du Portugal, Philippe II employa ses troupes à soumettre les Pays-Bas.

Le duc d'Alençon, frère du roi, fut proclamé comte des Flandres et duc de Brabant.

Cambrai appartenait aux Français.

Le duc de Parme, général en chef des forces espagnoles, vint assiéger cette ville et dans ce but il construisit à Crèvecœur et à Vaucelles des forts que l'armée française, venant au secours de Cambrai, par le Câtelet, attaqua sans résultat.

Le duc d'Alençon envoya Fervaques

avec quatre mille hommes de renfort au secours de la ville menacée. Ces troupes cantonnèrent au Câtelet, mais un millier seulement put pénétrer dans Cambrai.

Le comte de Chamois, envoyé à son tour après Fervaques, fut battu par Roubaix non loin de Prémont. Presque toute son armée périt et cinq cents habitants réfugiés dans l'église de Prémont y périrent dans les flammes.

Enfin le duc d'Alençon en personne arriva au Câtelet. Il y passa en revue une armée forte de quatre mille cavaliers et de douze mille fantassins, puis il alla camper à Vaucelles, et de là entra dans Cambrai, le 15 août, sans rencontrer de difficulté : Roubaix, à son approche, s'était empressé de lever le siège.

NOUVEAU SIÈGE DU CATELET (1588)

Si la guerre avec les Espagnols fut désastreuse pour l'abbaye du Mont-Saint-Martin, celle de la Ligue le fut plus encore.

Abandonnée par les religieux, qui s'en tinrent éloignés durant plusieurs années, elle fut brûlée par les Ligueurs.

Dans l'été de 1588, un différend s'éleva entre de La Fontaine, gouverneur du Câtelet, et Balagny, gouverneur de Cambrai.

On lit dans les *Mémoires chronologiques* de Bruyelle (septembre 1586), « que le magistrat de Cambrai fit commandement à toute personne de ne trafiquer, pratiquer avec ceux du Chastelet; de plus ni même aller, venir, passer et repasser par icelui, tant allant en France qu'en retournant dans ses quartiers, qui fut un grand malheur pour Cambrai, parce que le gouverneur dudit Chastelet fit défense à ses sujets de ne rien amener à Cambrai, chose qu'on a estimé être tournée au grand dommage des habitants de Cambrai... Balagny fit gens et les envoya camper autour du Chastelet et dans le bourg d'icelui, lesquels y furent quelque espace... Ces querelles empêchoient l'arrivée du blé, seigle et autres grains dont le Cambrésis avait pourtant un bien grand besoin, car... l'année fut si contraire que depuis environ le mois d'avril jusqu'au mois de juillet le bled fut si cher que personne, si vieille que ce fut, ne l'avoit encore vu si cher, car, chose véritable, le blé se vendoit quinze florins le mancaud de Cambrai, s'entend en monnoie de Flandre et n'étoit à beaucoup près si bon que celui qu'on vendoit, le 2 septembre, à cinquante patars le mancaud ; et l'année suivante le bled ne fut vendu que vingt patars de Flandre... En ce temps-là tous grains étoient chers à l'avenant du bled, tellement que les pauvres gens furent contraints de manger du pain d'avoine et autres grains avec telles autres choses qu'ils pouvoient avoir et étoit chose la plus pitoyable qui se peut excogiter voyant les pauvres gens se promener par les rues, tout exténués de chair et de sang et si difformes qu'on eusse jugé d'aucuns avoir fait comme les singes et autres bêtes sauvages et oioit-on enfin plusieurs enfants criant par les rues : *nous mourons de faim !* et aucuns mangeoient toutes sortes d'herbes pour remplir leur ventre, cause pourquoi plusieurs venoient enflés comme des gens hydropiques et y avoit des pauvres femmes qui alloient autour des roues du moulin ramasser les poussières tombantes desdits moulins pour faire des petits tourtons ou gâteaux cuits sur les braises, chose la plus mal goûtable qu'on saurait penser. »

Aïnsi qu'on peut le supposer, la misère des pauvres gens était complète, absolue. Les gens aisés firent tout leur possible pour l'adoucir.

Balagny, qui assiégeait le Câtelet, avait disposé le gros de son armée dans l'abbaye du Mont-Saint-Martin ; mais de La Fontaine, gouverneur de la forteresse, l'obligea à lever le siège.

NOUVEAU SIÈGE DU CATELET PAR BALAGNY (1588)

On ne sait pour quelles raisons M. d'Estrées, lieutenant général de la Picardie pour le roi, remplaça de La Fontaine, gouverneur du Câtelet, par le sieur de Lannoys.

A peine ce dernier était-il installé que Balagny, gouverneur de Cambrai, qui avait embrassé le parti de la ligue, tenta de nouveau de s'emparer du Câtelet. Il n'y réussit pas plus que la première fois. Vigoureusement repoussé, il dut en hâte se retirer dans le Cambrésis. Avant de battre en retraite, ses troupes incendièrent les maisons du Câtelet, dévastèrent le Mont-Saint-Martin où elles avaient encore logé. Elles brûlèrent en outre quelques fermes et plusieurs villages, répandant partout, sur leur passage, la ruine et la mort.

Après le départ de Balagny, le gouverneur du Câtele·, de Lannoys, s'appropria tous les revenus de l'abbaye du Mont - Saint - Martin, prétextant que l'abbé, résidant à Rome, soutenait les intérêts de la Ligue contre ceux du roi et qu'il n'agissait que par ordre de ce dernier, lequel lui avait octroyé ce don.

Le receveur de l'abbaye, Louis Delattre, n'opposa que de faibles protestations à cette usurpation.

En somme, cultivateurs et propriétaires ne firent que changer de maîtres.

NOUVEAU GOUVERNEUR DU CATELET (1592)

De Lannoys mourut en 1592. Il eut pour successeur François Dàmpierre de Liéramont, qui invoqua les mêmes motifs que son prédécesseur pour continuer à jouir des revenus de l'abbaye du Mont-Saint-Martin.

Considérant tous ses voisins comme Ligueurs, sous prétexte qu'il était le gouverneur avec celui de Saint-Quentin, du parti du roi, il les pillait effrontément, les rançonnait sans pitié, faisant emprisonner ceux qui résistaient à ses exigences.

Le gouverneur de Picardie, le duc de

Longueville, informé de ces briganda-
ges, usa de son autorité pour les faire
cesser et fit remettre en liberté de nom-
breux fermiers enfermés dans les prisons du Câtelet.

En dépit de cette puissante interven-
tion, Dampierre de Liéramont continua
néanmoins ses exactions durant trois
années.

PRISE DU CATELET
PAR LE PRINCE DE CHIMAY (1595)

D'après les termes de la déclaration
faite en janvier 1595, Henri IV, irrité
contre Philippe II « dénonce la guerre
au roi d'Espagne et à tous ses sujets ;
il commande aux siens de la leur faire
sans relâche, leur défend toutes sortes
de communications avec eux sous
peine de la hart, révoque tous passe-
ports et sauvegardes. »

A cette déclaration, le roi d'Espagne,
deux mois après, se proclame « ennemi
à toute hostilité du prince de Béarn. »

Comme conséquence, le 10 juin sui-
vant, le prince de Chimay attaque le
Câtelet ; le comte de Fuentès, qui a
décidé ce siège, le presse fortement
pour se venger d'avoir perdu Ham au

commencement du même mois. Le gouverneur du Câtelet repousse un premier assaut, mais sans effet réel, car après quinze jours de blocus, il dut se rendre.

Les Espagnols, victorieux, achevèrent de détruire ce qui avait échappé aux fureurs de Balagny et au brigandage des gouverneurs français du Câtelet dont la conduite avait peut-être surpassé celle de Balagny.

Ce nouveau siège du Câtelet est relaté de la façon suivante par Le Carpentier, dans son *Histoire du Cambrésis* :

« Dès le commencement de juin 1595, le prince de Chimay avoit attaqué le Cattelet, qui est à quatre lieuës de Cambrai (place à quatre bastions avec un fossé sec, fortifiée autrefois par François Ier pour contrequarrer le Chasteau-Cambrésis) et s'y estoit rendu lui-même (le comte de Fuentès) le dix du mesme mois, ayant laissé le colonel Mondragon dans les Pays-Bas avec un corps assez considérable pour tenir teste au prince Maurice.

« Ainsi les Espagnols de Ham, qui estoient assiégés par Henry, s'encourageoient à tenir bon dans l'espérance que Fuentès viendroit bientôt à leur secours ; mais les François s'évertuant de tout leur pouvoir de les forcer avant qu'il fut arrivé, emportèrent la place d'assaut et passèrent au fil de l'épée tous ceux qui s'opposèrent à leur furie.

« Fuentès, qui venoit en grande haste au secours de cette garnison, ayant appris par les chemins ce qui luy estoit arrivé, s'en retourna plein de dépit au siège du Cattelet. Le gouverneur de cette place, ayant soutenu un assaut, la lui rendit le 25 de ce mois (juin). »

Aux environs du Câtelet, pendant ce temps, la misère était à son comble.

LE CATELET RENDU A LA FRANCE (1598)

Par la paix de Vervins, conclue le 2 mai 1598, la forteresse du Câtelet fut restituée à la France. Le duc de Longueville fit relâcher les fermiers du voisinage qui se trouvaient incarcérés dans le fort. Les religieux du Mont-Saint-Martin revinrent peu à peu à leur abbaye qu'ils avaient quittée depuis 1584.

Les campagnes environnantes étaient dans un état lamentable. L'auteur du manuscrit n° 881, conservé à la Bibliothèque de Cambrai, dépeint ainsi qu'il suit le spectacle qu'offrait alors le pays :

« Alors pauvre paysan estant libre ne sçavoit bonnement retrouver son héritage ; car le plus souvent n'y avoit nulles maisons par le bois, buissons et mauvaises herbes dont les villages, champaignes et chemins estoient remplis. »

Ce fut durant ces guerres malheureuses que l'église du Ronssoy fut détruite ainsi que celle de Bony, par les troupes qui assiégeaient Le Câtelet. Proche de Bony, la ferme Gaudrival, isolée au milieu des champs, fut également incendiée et ne fut jamais reconstruite. De Bony, brûlé aussi, il ne subsista qu'une cense ou ferme qu'on rattacha à l'abbaye du Mont-Saint-Martin. La cure du Ronssoy fut aussi réunie à cette abbaye, mais seulement en 1668. Cette dernière cependant l'abandonna plus tard.

« Par suite des réformes financières de Sully, on voulut établir au Câtelet diverses impositions, mais les habitants protestèrent. Ce fut à ce sujet que le 11 décembre 1604, un arrêt du Conseil renvoya aux trésoriers de France en la généralité de Picardie la requête des habitants du bourg du Câtelet qui représentaient avoir été exempts de tous temps d'aides, de tailles, de gabelles et autres impositions, étant aux dernières extrémités du royaume ». (1).

Les franchises furent maintenues aux habitants du Câtelet.

Ce fut sous Jacques Lenormand que, le 16 novembre 1632, messire Philippe de Longueval, seigneur du Câtelet, en fit faire le dénombrement.

LE CATELET EST PRIS DE NOUVEAU PAR LES ESPAGNOLS (1636)

La forteresse du Câtelet ne connut pas longtemps la tranquillité.

Dès 1635, recommençait entre les Français et les Espagnols une guerre qui allait durer vingt-cinq années et au cours de laquelle le Câtelet fut pris et repris par les deux adversaires.

Au début de cette campagne (1636), les Français, sous le commandement du maréchal de Chaulnes vinrent cam-

---

(1) Documents manuscrits relatifs à l'histoire de la Picardie, tome Ier, par Hippolyte Cocheris.

per à Vendhuille et de là ravagèrent et brûlèrent la campagne aux alentours de Crèvecœur. Cependant Louis XIII ayant pris l'abbaye de Vaucelles sous sa protection, les terres de celle-ci furent épargnées.

Les habitants du voisinage, Honnecourt, Le Câtelet, Vendhuille, Lempire, Ronssoy, Gouy, en profitèrent pour s'y réfugier, car la terreur régnait dans toute cette partie du Vermandois. Ces malheureux campèrent d'abord dans l'immense enclos entourant l'abbaye, puis le mauvais temps les contraignit à chercher un abri dans l'église.

Mais bientôt le nombre des réfugiés devint si considérable que l'air, non renouvelé, de cet asile se vicia. On fut obligé de leur faire quitter leur retraite et de les diriger sur Cambrai et ses environs. Une forte escorte les accompagna et les protégea jusqu'à la ferme du Boquet, à deux kilomètres de Crèvecœur. Ceux qui ne firent point partie de cette troupe d'émigrés se joignirent aux religieux du Mont-Saint-Martin, de nouveau chassés de leur abbaye, brûlée par les Espagnols (1636).

La forteresse du Câtelet, mal défendue par son gouverneur, Saint-Léger, tomba au pouvoir de l'ennemi. Nos provinces frontières furent envahies. L'inquiétude, gagnant de proche en proche, atteignit la capitale.

Une armée fut levée en hâte afin d'arrêter cette invasion. Pour obtenir une résistance plus efficace de la part des commandants de place, Richelieu fit ordonner le procès du gouverneur du Câtelet qui fut condamné à mort par contumace et exécuté en effigie.

Les campagnes souffrirent certes encore de la part des Espagnols mais elles n'eurent rien à redouter des garnisons françaises tant du Câtelet que de Cambrai.

Le Mont-Saint-Martin, abandonné de tous les religieux, demeura désert de 1635 à 1664; quelques-uns se réfugièrent dans les bois où ils vivaient comme ils pouvaient.

Vers ce temps, Honnecourt servait de repaire à une bande de brigands qui couraient les campagnes, rançonnant les villages et portant la terreur jusqu'aux portes de Cambrai.

Honnecourt, au passé très ancien, qui avait eu autrefois une certaine importance, possédait encore des remparts.

Le gouverneur de Cambrai envoya

contre ces pillards le sieur de Maugré, officier d'une vaillance et d'une intrépidité rares. Arrivé à Honnecourt, celui-ci fit sauter une porte, extermina les agresseurs et rasa les fortifications dont quelques vestiges seuls ont subsisté jusqu'à nos jours.

A la fin d'octobre 1637, le colonel Grassion, à la tête de huit cents chevaux, parcourut le Cambrésis. Il incendia Lesdain et les autres localités qu'il rencontra sur son passage en se dirigeant sur le Câtelet. Il faillit même s'emparer de la garnison qui était allée au bois et qui n'eut que le temps de rentrer précipitamment au fort.

LES FRANÇAIS REPRENNENT LE CATELET (1638(

Pourtant le Càtelet ne tarda pas à rentrer au pouvoir des Français.

Au commencement d'août 1638, le prince du Hallier arriva à Vaucelles où il campa et se disposa à assiéger le Câtelet qu'il prit d'assaut après vingt-cinq jours de siège. Les bastions de la forteresse étaient au nombre de quatre. M. du Hallier attaqua le bastion de la Roussilière, à la tête des gardes françaises et suisses.La cavalerie et l'infanterie soutinrent l'assaut qui fut donné à la brèche de ce bastion, faite par une batterie de quatre pièces de canon, une de deux mortiers à bombe et deux autres pièces sur la contrescarpe.

Du côté de Gouy se trouvait la tranchée d'approche de M. Lambert, à la tête du régiment de Picardie. Vers Macquincourt étaient postés le régiment du Poitou et les corps de Rambure et Valmont. Trois batteries d'artillerie battirent en brèche le bastion du Bourg qu'appuyaient également de la cavalerie et de l'infanterie, lesquelles donnèrent l'assaut.

Les Espagnols se défendirent avec acharnement, mais leur courage dut céder devant la valeur de nos soldats qui entrèrent dans le fort du Câtelet le 14 septembre.

Gouy et Macquincourt, après ce siége, se trouvèrent complètement détruits.

La partie sud du fort avait été minée.

On voit sur un ancien « Plan du Castelet, en Picardie, assiégé et repris d'assaut par l'armée du roy, commandée par M. du Hallier, le 14 septembre 1638 », que des marais se trouvaient entre Gouy et le Càtelet, qu'un moulin était à l'extrémité du Câtelet, près d'une porte ; que le fort avait deux portes

d'entrée et que le Bourg ne commen-
çait que vers la ruelle du Câtelet ; enfin
que les quatre bastions étaient celui de
Gouy, celui de la Roussilière, celui du
Bourg et le quatrième dont le nom n'est
pas indiqué.

Après le siège du Câtelet, les troupes
qui y avaient pris part furent atteintes
de la dyssenterie. On envoya les soldats
malades à Saint-Quentin où à leur in-
tention un hôpital avait été établi à la
hâte, près de la porte Saint-Martin.
Malgré les soins qui leur furent prodi-
gués, plus de neuf cents périrent et on
les inhuma aux environs de leur hôpital.

Quatre ans après la prise du Câtelet,
le maréchal de Grammont s'installa
avec ses troupes près d'Honnecourt,
dans un endroit désigné encore aujour-
d'hui comme lieudit sous le nom *des
Tranchées*. Il y fut surpris et battu par
les Espagnols, le 26 mai 1642, qui lui
tuèrent douze cents hommes. Le com-
bat se prolongea jusque dans Bantou-
zelle où les habitants et ceux des
environs se réfugièrent à la hâte dans
l'église. De nos jours on découvre
fréquemment des squelettes de ces
hommes.

Cinq ans plus tard, Gassion et Rantzau campèrent encore à Vaucelles (26 mai 1647).

En 1649, dit l'historien Dupont, une armée française, venue des environs d'Amiens, investit Cambrai. Une de ses colonnes rencontra entre Montécouvez, les bois des Ardissarts et Lesdain, un détachement espagnol qui gardait la ville de ce côté. Les Espagnols furent battus et la colonne française gagna Cambrai par Vaucelles.

LE CATELET PRIS ET REPRIS

La guerre de la Fronde fut pour le Câtelet la cause de nouveaux malheurs. Position stratégique qu'il importait aux vainqueurs de posséder, le vicomte de Turence, du parti des princes de Condé, de Conti et du duc de Longueville, prisonniers à Vincennes, s'empara du Câtelet en 1650.

Cinq ans après, d'après Colliette, M. de Castelnau reprit à son tour la forteresse du Câtelet, mais en 1658, le grand Condé, qui était alors du parti des Espagnols, s'empara du Câtelet et fit tuer toute la garnison.

Mais, fort heureusement, à partir de cette époque, les environs du Câtelet connurent des temps meilleurs et pour eux commença une période plus calme. La paix des Pyrénées (1660) fut signée avec l'Espagne et l'article 40 de ce traité rendit définitivement le Câtelet à la France.

Pour avoir servi dans l'armée espagnole, Condé avait perdu ses biens en France. En dédommagement, l'Espagne lui avait accordé en toute possession Rocroy, Linchamp, Avesnes et le Câtelet. A titre de soumission, il offrit ces forts à Louis XIV auprès de qui il rentra en grâce. Le seigneur de ce bourg, René du Reynier, en fit faire le dénombrement, qu'il présenta au roi le 15 février 1661.

LE DÉMANTÈLEMENT DU FORT DU CATELET

Par la conquête de la Flandre, Louis XIV recula les frontières du royaume. La forteresse du Câtelet devint dès lors une place inutile. Elle fut démantelée en 1674. Ce fut avec joie que les habitants du pays virent s'effondrer ces murailles qui, loin de les protéger, n'avaient été pour eux, pendant plus de cent cinquante ans, qu'une cause permanente de misères, de ruines et de malheurs sans nom.

RÉPARATION DU FORT DU CATELET

Cependant, à ce qui précède ne se borne pas l'histoire de la forteresse du Câtelet.

Vers la fin du règne de Louis XIV, la guerre avec l'Allemagne fit encore souffrir le Câtelet et les environs.

Le fort, quoique démantelé, continuait à avoir une garnison que l'on porta alors à quelques centaines d'hommes. On essaya de relever les fortifications. Dans ce but, par ordre de l'intendant d'Amiens, le 15 septembre 1710, l'abbaye du Mont-Saint-Martin dût livrer deux mille fascines et six mille piquets de neufs pieds chacun.

L'année suivante, le régiment de Choiseul vint tenir garnison au Câtelet et y remplacer le régiment des dragons de Porpaille dont les officiers, de Flaau et Destampelle, tués l'année précédente, avaient été enterrés au Câtelet, ainsi que bon nombre de leurs hommes, ce qui ferait supposer que ce régiment aurait fortement souffert durant cette campagne.

En 1712, la continuation de la guerre nécessitait le maintien de troupes tant au Câtelet que dans les environs. La forteresse avait été transformée en camp d'équipages. La victoire de Denain, remportée par Villars sur les Impériaux, sauva la France. Elle amena le départ, l'année suivante, des troupes qui cantonnaient au Câtelet.

Ici se termine ce court historique de la forteresse du Câtelet.

Aujourd'hui, les fossés de la petite citadelle picarde se sont comblés ; on en distingue encore cependant l'emplacement au pourtour irrégulier flanqué de ses quatre bastions. Mais ces vestiges d'enceinte fortifiée n'ont plus rien de redoutable ; ce n'est plus qu'un lieu désolé, recouvert de végétation et ombragé de bouquets d'arbres, calme retraite, fraîche et douce, où le rêveur à l'aise peut y philosopher en évoquant le souvenir des scènes cruelles, des luttes sanglantes, farouches, implacables dont ces lieux furent le théâtre aux siècles précédents.

〰〰〰〰〰

SAINT-QUENTIN. — IMP. DU « GUETTEUR »

〰〰〰〰〰

www.ingramcontent.com/pod-product-compliance
Lightning Source LLC
LaVergne TN
LVHW021640170726
843501LV00007B/2336